JN436599

사랑한다는 것은

최자영 시집

오늘의문학사

◆서문◆

시간은 나를 자꾸 끌고 가기만 하고 오묘한 순환의 법칙 앞에 대책 없이 맡긴 내 삶의 속도는 또 얼마나 빨라질까.

2003년 네 번째 시집을 내고 10년 세월이 참 빨리도 내 옆구리를 스쳐 지났다.

시의 동네 변두리만 돌며 보낸 시간이 새삼 아쉽고 부끄럽다.

갈수록
들어갈수록
미로 같은
동굴 같은
길게

고독을 헤쳐 풀어놓은 시의 길을 헤집어 찾아 다시 발걸음을 떼어놓는다.

시집을 엮어주신 오늘의문학사 이헌석 대표님과 이영옥 편집장 그리고 직원 모두에게 감사한다.

한결같은 열정으로 고독한 시의 길을 가는 모든 분들과 외로움을 함께 할 수 있어 행복하다.

2012년 정초 유성 노은동에서

최자영

●●● 차례

2부 세도

3부 중학동 일기

4부 소금

1부

강

강

강은 내 안에 줄기를 뻗어 흐른다
사유 속을 흐르고 사유 밖으로 밀려난다
지치지 않는 희망의 물줄기로
가슴 한복판을 가로지른다

버리고 버려도 흘러넘치는 사랑
태어나고 소멸하는 갈등의 자리에
눈부신 노을을 타고 귀의 하는
유연한 속살을 훤히 내보이는
강의 명징함이여

깊은 울음을 떨어뜨리며 물새는 날아가고
내보일 수 없는 꿈은
몸 속 깊이 숨소리마저 감춘 채
꿈쩍 하지 않는 바위 툭툭 쳐 본다

사랑한다는 것은

잊는 것이다
놓아 버리는 것이다
그러면서도 잊을 수 없는 것은
그대로 가슴 샘에 깊이 묻어 두는 것
박제 되지 않은 생
싱그러움 깊이 감추어 두고
몰래 몰래 생각 속에 불러들이는 것이다

대추

예고 없이 지나가는 몇 번의 바람이
나뭇가지에 슬그머니 시름을 얹고 간다
젊디젊은 풋사랑 돌려보내고
붉게 익어가는 중년
욕망이 하늘로 치솟아 조글조글 주름져 가지만
더 오를 데 없는 꿈이 영근
그 맛은 더욱 달다
풋내 나는 젊음이 아닌 진맛
거스를 수 없는 시간의 잔해

개나리

외갓집 제삿밥 이고 돌담길 돌아
현기증 추스르며 어둠 휘휘 내저어
종종걸음 치던 어머니의 핏기 없는 얼굴

손수건 2

너와의 만남은 아무래도 아름답다

추억 한줌
반성 한 다발
모두를 싸안고 고이 접히는
속 깊음을 누가 알까

배려와 용서 화해와 사랑을
헝겊 한 조각에 담아
흔드는 슬픈 일

너와의 만남은 여전히 아름답다

안개 속을 가다

새벽안개 속을 가며
매듭으로 엮어진 시야의 폭을 넓히려 애쓴다
눅눅한 슬픔
힘겨운 용서
이 모두가 가시거리 밖에 들어
그저 막막한 길 위에
점점이 찍힌 기억을 문질러
더욱 흐려진 약속이 부끄럽다

마른 가슴을 채우는 일의 적막과 외로움이
오스스 한기를 동반한다.
젖어드는 옷섶을 여미며 떼어놓은 발자국에
마디마디 저린 아픔을 쏟아놓는다

안개를 헤치며 하루가 시작되고
안개를 걷어안고 돌아오는 일로 끝이 나지만
시간이 지나면 안개는 걷히고
길 한복판에 그림자 하나 우두커니 서 있다

보리 싹을 보며

황량한 벌판에
바람 한 점 가로지르고
모든 것이 소멸해 가는 때
홀로 고개 내민
처절하리만치 밟아대고 짓이겨야
언 땅을 뚫고 나온 어린 순
여린 목숨이 받는 고통은
새로운 씨알을 맺기 위함이니
희망을 말하는 푸른 울음을
어찌 날 선 칼이라 할까

자고새면 천지에 봄을 풀어놓는
풀과 벌레들
저희들끼리 어떤 교감이 있었을까
부지런히 움직이는 모습이 신비롭다
미미한 햇빛을 끌어당겨
연둣빛 부끄러움으로 오는 봄

하루치의 목숨을 살아내기 위해
눈 속에서 고개 내민, 밟혀도 꿈쩍 않는
보리 순의 푸름
스스로 아픔을 끌어안고 있기 때문이다

우리가 서로 손 잡을 수 없다하여,
부는 바람의 모습을 볼 수 없다하여
허망을 얘기 할 수 없다
미물들의 고단한 일상에서
언 땅 위로 불쑥 불쑥 솟아오르는
보리 싹의 질긴 사랑에서 기다림을 배운다

대상포진 1

수십 년을 기다렸네
호시탐탐 본색을 드러낼 날 기다리며
순한 바이러스로 살았네
멋진 홈런 한방 때릴 날만 꿈꾸다가
그냥 늙어버리려나 했네
가녀린 체구는 앙상한 나뭇가지 이었지만
도무지 흔들리지 않아
세상 밖 구경을 포기하려 했는데
갑년을 넘기고 그만 틈을 보여주었네
팔딱팔딱 뛰며
왼쪽 어깨 너머에서 가슴으로 누비고 다녔네
왼쪽 오른쪽 마냥 넘나들고 싶지만,
60여년을 기다려온 시간을 보상받고 싶지만
완강한 저항력에 부딪쳐 한쪽만 차지하고 앉아
신경 줄을 교묘히 건드리며 즐기고 있네
신경이 놀라 아파하는 소리 들으며……
그러나 내게도 양심은 있어
이제 그만 고개 숙여야겠네
지나치면 모자람만 못하리

자신을 되돌아보게 했으니 물러나야 하리
두 번 다시 뒤돌아 볼 수 없는 자리
꿈이 진 자리에 상처자국 남기고

대상포진 2

떠나주어 고맙다 했는데
주춤거리지 않고 가주어 진정 고맙다 했는데
또 찾아오다니
한번 왔다 가면 다시는 올 수 없는 홍역으로 여겼는데
무슨 미련이 남아 슬그머니 옆구리 차고 앉아
자신의 건재를 알려야 하나

눈에 보이지 않는 바이러스
굳이 보이며 붉어져 나오는 싹수없는 짓
어디 너 하나 뿐이랴

생각 없이 던지는 말 한마디에도
가슴을 쥐어뜯는 균이 있고 독이 묻어있다
도처에 도사린 바이러스는 스트레스를 부르고
그것이 쌓이면 붉어져 나오기 마련
버티고 앉기 전에 퇴치해야 할 일
싹을 잘라 버릴 일
가슴 속 응어리 터뜨려버릴 일이다

커피타임

정처없는 그리움 스르르 녹아
목젖을 따라 흐른다
가슴 한복판에 화인을 찍고
켜켜이 쌓인 우울의 찌꺼기 훑어내린다

깊은 고요 속으로 침잠해드는
정념의 불꽃
무의식의 내면에 불을 붙인다
깊숙이 가라앉는 사랑의 물줄기
온 몸에 감미롭게 스며들어
떠난 사람 뒷모습 바라보는 것처럼
씁쓰레한 웃음 짓게 한다

내 가는 길에 바람이 되어
구름처럼 흘러가고 싶은
여유로움이 얼비치는 찻잔에
세상사 만만찮음 일러주는 시간
씁쓰레한 웃음이 난다

코스모스

— h에게

어둠이 몰려왔다
저녁을 맞은 나의 길 위에
쭈뼛거리며 내리는 망설임
그림자처럼 따르던 욕망의 덩이가
풀리기 시작한다

보랏빛 우정이 길가에 일렬로
푸른 신호등을 켜들고
구김 없는 악수를 청한다
되돌려 놓은 옛날이여
내게 누구 있어
이토록 기다리고 서 있게 했나

사랑이라 말 할 수는 없어도
그리움이라 말할 수 있다면
나 오래도록 서 있을 수 있네
머리 위에 서리가 내린 겨울이지만
파란 하늘로 청정히 살아있는
너의 모습

나무

말하지 않아도 나무도 나이를 먹는다
서서 자고
서서 먹고
서서 큰다.
새싹일 때의 희망이 푸름으로 짙어지면
더하기를 하지 않아도 저절로 어른이 되고
가을이 빨갛고 노란 손을 흔들며
어깨 위에 분분히 내릴 때
묵은 나이를 치켜들고
나무는 볼품없이 고개를 떨어뜨리지만
봄이 되면 다시 고개를 들어
속으로 새겨진 지난 것들을 버릴 줄 안다
새 옷을 갈아입고 나설 채비를 하며
언제나 서 있음을 행복해 한다

산을 오르며

— 노심초사

네 발로 기어오르면서
내려갈 길을 걱정한다.
한 눈을 팔아 미끄러지고 넘어지며
딛고 올라선 바위 위에 서서
삶의 계곡 내려다보니
아찔한 현기증이 인다.
겨울 산 오리기 보다 더 어려운 것이 내리막길
내리막길 보다 더 힘든 것이
세상살이인 것을
마음속에 들끓는
시끄러운 욕심을 버리지 못하는가.
흙이 굳어 바위가 되고
그 바위를 타고 오르는 힘겨움에
더딘 걸음 탓하지 말 일
지나보면 또 다른 절벽과 마주치게 되리니
헐거워진 발걸음이 밀리고 있음을
탓하지 말 일이다

남루한 평화

사는 일
바라보기에 따라
원으로 네모로 세모로 보인다.
한쪽 눈을 가리고 반쯤만 보기도 하며
양쪽 눈을 부릅떠 볼 수도 있다

한쪽만 바라보며
성내고 웃고 울며
가득함에 혹은 빈곤함에
대못 질을 하며 자학하기 얼마였던가.

주변머리 없이 옆도 뒤도 볼 사이 없이
걷다 뒤돌아보니
유행가 가사만 널브러진 길 위에
허수아비 하나 덩그러니 서 있다

사는 일
바라보기에 따라
남루함도 가득한 평화임을
알아가는 나이가 되었다

단상 3제

1. 6월

싱그러운 머리칼 나풀대며
폭염을 준비하는 너그러움 품고
원숙한 걸음 걷는
30대 후반의 여자
물 오른 나무

2. 육십

초겨울 밤 눈 내리고
밖엔 노쇠한 바람
마른하늘을 쓸고 간다.
적요가 흐른다.

3. 부부

처음 만나 장미향을 맡았다
살아가면서 치자향이 났다
늙어가면서 풀꽃향이 난다

물리치료실에서

한군데씩 허물어지는 몸들이 모여
빛을 찾아 헤맨다
못이 박힌 듯
쑤시고 아픈 전신에 찜질을 하며
살아있는 불안을 움켜쥔 채
진득한 땀에 절어
적외선 불빛 아래 눕고 안고 엎드리고
로봇이 되어 이리 저리 뒤척인다

무거운 세상 끌고 다닌 다리에 기브스를 하고
일용할 양식을 만드는 오른손은 어깨끈에 매달려
물리 치료사의 손끝에 움직이는
엎드린 자존과 참을성
피 터지는 아픔에 한숨이 나오지만
슬그머니 접어야 한다

오늘 보다는 내일이, 그리고 그 다음날이면
좀 더 나아지리라는 희망의 모자를 쓰고
뒤채이고 안고 눕고 선다

세월

속절없는 시간의 배를 타고
밤 마실 나온 안개 하늘을 가리고
살아있는 것들의 앙금이 가라앉은
대지는 눅눅하다

빠르게 흐르는 하루하루는
자꾸만 빛깔을 바꿔 시시각각 변해
황혼에 들었다
어느새 어둠이 내린 나의 길 위에, 어깨 위에
나뭇잎은 떨어진다

닳고 닳아버린 욕망의 줄기
행복의 그림자만 좇아 자꾸만 이사를 하고
시든 욕망이 떠난 빈자리에
후회 한 방울 점으로 남아
우두커니 서 있는 이순의 나이

아슴한 추억의 물줄기
소용돌이쳐 흐르는 순간의 기쁨에 비할까

벚꽃 지던 봄날을 그리며
뒤늦게 철들고 싶은 자아가
동그란 눈을 뜨고 지켜보고 있다

건망증

나이가 들어
초대되지 않은 손님
제 집 드나들 듯 수시로 드나들며
미운 정 고운 정 뿌려놓은 밭
뭉개버린다

젊은 날의 이야기
빠르게 소멸되어 가는 길 위에
우두커니 서 있는
추억의 끈 하나 붙잡으려
흩어진 바람 끌어 모은다

우수수 떨어지는 기억의 편린들
가물가물한 안개 속을 부유하다
제 그림자를 밟고
제 얼굴임을 모른 채 돌아서는가

때로 사는 일 잊고 싶은 때 있지
망각의 늪에 빠지고 싶은 때 있지만

흘러간 시간을 다시 이식해
기억의 줄기 곧추 세우고 싶다

저녁놀

하늘이 몸을 푸는가
빨간 피 한 동이 쏟았다
아무리 뜨거워도 표 나지 않게
순간 타올랐다가 서서히 사그라지어
행과 불행은 희석되고
어느 하늘 속으로 스며든 그리움은
그림처럼 걸려있다
피 토하는 절규
드러내놓고 사랑이라 말할 수 있는가
스러짐의 위대한 탄생을

아름답게 저물 수 있어 행복하다

2부

세도

세도

파도가 모래벌판의 엉덩짝을 후려치고 지난다
한 무리의 웃음이 하늘로 날아오르다
일순에 벼락을 맞고 쓰러진다

색안경을 끼고

색안경을 끼고 거리를 걷는다
붉은 벽돌색 담장과 색색의 가로수들이 더 짙게 보인다
색안경을 끼면 대충대충 보일 줄 알았는데
온갖 욕망의 잔가지들이 보인다

돈 많은 사람들의 검은 속도 보이고
젊잖은 사람들의 비굴한 웃음도 보이고
수줍은 여인들의 앙큼함도 보인다
보고 싶지 않은 아픔이나 슬픔까지 보인다

안경 너머로 바라 본 거무튀튀한 세상은 잘 보이지만
검은 안경알로 감추어진 사그러드는 내 모습은 들키지 않으리라
시간을 껴안고 영글어간 잔주름과 눈 밑의 그늘
두근거릴 줄 모르는 심장도 보이지 않으리니

내게도 있었지, 눈이 아름답다던 한 사람의 얘기에
가슴 두근거릴 줄 알던 시절이
세상 무서운 줄 모르고 진탕길도 험준한 산맥도

겁 없이 덤비던 오만을 희망이라는 꿈 밭에 뿌릴 줄만 알았었지

나이가 들면 보고도 못 본 척 들어도 못 들은 척
눈 감고 입 닫고 살아야 한다지
이제 파란색 안경을 끼고 싶다
파란 세상만을 바라보고 싶다

손톱깎이

더 이상 미련을 두지 않는다
망설임은 이미 지난 일
바삭 바삭 타들어 가는 그리움 한줌
건어질 기력조차 없다

너를 위해 비워 둔 한편에서
떨어져 나가야 하는
손톱이 자라듯 커가는 슬픈 기억들
싹둑 자를 수 있다면
이제 더 이상 남길 일 무에랴

손톱 밑 때를 밀어내면서
지은 죄 씻을 줄 몰라
죄는 생활의 일부가 되고
잡풀처럼 자라는 부패된 욕망

흐르는 시간에 실려 강물은 흐르고
사랑은 죽어 잘려야 할 때를 아는
그믐달로 떨어질 어지러운 꿈들

모든 것이 떠나고 있다
버리고 지우는 서툰 몸짓으로

갈대

가누지 못한 그리움
가는 세월의 등에 업혀
하릴없이 흔들리고 있다
손사래 끝에 너울대는 하얀 치마폭

유리창에 그림자 그렸다가 지우며
기차는 지나고
흘러가는 풍경 너머 슬픈 몸부림
서걱이는 바람 소리에 묻혀 버린다

장발을 풀어헤친 지조 없는 흔들림
바람과 구름과 산등성을 넘나들며
갈기갈기 찢긴 시간
허공에 날린다

솜털처럼 가벼워진 나
하늘로 솟구쳐 오른다

러닝머신을 하며

정해진 길을 걷는다
앞으로 나아갈 길도, 뒤로 물러설 길도 없이
제자리 걷기의 반복
중심을 단단히 잡아야 해
세월의 무게 이기지 못하면 중심이 흔들려

고층 아파트 창밖
오가는 차들을 바라보며
시간을 굴리고, 아픔을 굴리고
기쁨도 굴린다

가로수 가지에 봄이 움틀대고
겨울을 지나온 플라타너스 가지에 물이 오른다
황사바람 뒤집어 쓴 지붕들이
비를 기다리며 풀풀풀 먼지를 털어낸다

털어봐야 제 먼지 다시 뒤집어쓰고
걸어봐야 제 자리인 러닝머신 위에서
흘리는 사치스런 땀방울
여유로움의 흔적이 부끄럽다

선인장

시퍼런 살 등에 가시를 세운다
하루만의 충만을 위해 피를 흘리며
빨간 꽃을 피우는 당당함이여
가시를 길러야만 하는 붉은 피의 아픔보다
아름다움에 취해 웃는구나
찰나의 황홀 뒤에 사라지는 것
무서운 칼이다

속도

골목골목을 누비다 겨우 찾아낸
길 한복판에서 문득 뒤돌아보니
지나온 길 까마득하네

연착된 열차 안에서 서성이다 만 시간인 듯한데
어느새 65km로 달리게 되었는가
스스로 택한 속도가 아닌
등 떠밀려 달려온 길, 그리고 가야할 길
"과속이야" 속에서 아우성치지만
어쩔 수 없이 내달려야 하는 일이 고달프다

꽃망울이 맺혔는가. 했더니 만개하고
바라보기 너무 아까워 눈을 반쯤 가리고 보려니
벌써 지고 그 자리에 새파랗게 돋아난 이파리
나무 밑 길 위엔 떨어진 꽃이 흘린
슬픔이 흥건하다

시간은 나를 자꾸 끌고 가기만 하고
오묘한 순환의 법칙 앞에 대책 없이 맡긴
내 삶의 속도는 또 얼마나 빨라질까

나의 꿈

짧은 해는
검은 하늘에 무릎을 꿇고
어둔 밤은 나를 주저앉힌다

귀뚜라미 울음과 함께
솜이불을 덮은 잠이
내게로 온다

잠 속에서 나는 길을 떠난다
무덤으로 가는 길이 보인다
어둡고 험한 구름 사이
꿈을 찾아 떠나는
깜깜한 나의 잠

이승과 저승 사이 흔들리는
저 끊어지지 않는
천연색 영화 필름 같은
사유

무덤으로 가는 길을 비켜
죽지 않는 나의 길 위에
팔팔하게 살아 있음이다
부끄럽지 않은 나를 세움이다

11월의 산

찬 서리에 상처 입은 나뭇잎
떨어짐이 서러워 붉게 달아오른 얼굴
덤불 속에 숨긴다

시나브로 시들어가는 그리움에 얹힌 이름
이제는 가물가물한 기억으로 잊혀 가고
못 견디게 아파 너에게 달려가고 싶은 때 있었지
지금은 모두가 시든 풀
숨어 지내려는 자존이 슬퍼
한밤중에만 내리는 달빛 속으로 숨는다

푸른 생각은 떨어지고
잡념만 의식의 끝에 대롱인다
흐르는 시간이 흘러간 시간을 부르고
이제는 비움이 시작되는가
배부른 욕망과 헛된 꿈이 부서진다

사는 일 힘겨운 산행
오르막과 내리막을 헤맨 수십 년

오르고 내리며 찍어놓은 발자국에
등짐을 하나씩 부리며
무수한 나의 날들을 버린다
울울창창하던 숲 속 허망이 떨어져 나가
앞이 환히 보이는 민둥산의 허연 이마
바람이 할퀴고 지난다

용두동 언덕마을

울도 담도 없는
맨 땅에 코를 박고 엎드린 스레드 지붕
문을 있는 대로 열어젖혀도
바람이 들어와 머물고 나갈 곳도 없는
낮은 곳으로, 낮은 곳으로 포복하고 있는 가난이
식구들을 있는 대로 밖으로 내몬다
노인 곁에 쪼그려 앉아있는 채송화, 분꽃을
간간히 부는 바람이 쓰다듬고 지나
노인의 주름 골골에 잠시 머물다 간다

재개발 플래카드가 펄럭이는 골목에
더러 잠자리도 날고 매미 소리 시끄러운 여름
한낮 더위가 무거운 발걸음으로 좁은 골목을 누비고 있다
발도 쳐지지 않은 문간방에 켜켜이 쌓인 노곤이
하늘을 비상하고픈 꿈에 젖어 실눈을 뜨고
한줄기 햇빛을 그리며 누워있다

문득 올려다 본 하늘에
난무하는 재개발 플래카드 사이로

50년쯤 전 비스듬히 열린 고향집 삽짝이 보이고
쪽지골 골목을 뛰어 들어가는
여나므살 소녀도 보인다

비는 그치고

비 그친 오후
무지개 걸린 하늘 아래
비둘기 떼
못다 푼 사랑 나누려는가

기쁨은 차올라
꽃바람 불어
닫힌 문들이 열리고
투명한 산의 눈빛 마주 하였네

산사태와 해일
홍수의 뒤안길에
찰랑이는 화평의 물소리
진실의 함성을 지르고

권위와 타성의 굴레를 빠져나와
편견의 가시덤불 헤치며
고집으로 물든 오늘을 떠나보내네

미움처럼 매달린 곁가지
후려쳐 잘라버린 고목
아픈 군살 뚝뚝 떼어내며
비 개인 하늘 바라보고 섰네

이제 저 등 굽은 산등성 너머
먹구름 자리에
숨어 피던 별들이 살아나리

2월의 들

심술 가득 문바람
겨울 끝자락 얼굴을 핥고
거뭇거뭇 몸을 태운
빈 들을 휘돌아 흐른다

봄의 소리
바위틈을 비집고
어깨 들썩이기 시작하고
어린 풀들 고개 들 채비에 바쁘다

나뭇가지 위
움틀 자리 마련해 다가서는 봄
풀들의 용트림
푸득이며 일어선다

가슴 그들먹하게 채운
젊은 날 푸른 기억들도
설핏 스치는 눈발 속에 얼비친다

불면

시계 초침 소리 밤을 흔든다
잠들지 못하고 서성이는 나의 귀, 나의 머리, 나의 사유
사랑이 이렇게 와 준다면 탓할 것이 무엇일까만
매일 밤 기별도 없이 찾아 주는 불청객
너는 나의 젊은 시절 친구였지

사는 게 바빠 한동안 뜸하더니 다시 찾아왔는가
환영하지 않네. 돌아가 주게
눈앞에 어른대는 환영
광대 판을 벌리려 하는가
이제는 너와 함께 춤 출 기력이 없네

오직 털고 살려네
묻고 살려네
잊음이 약이라는데
정녕 잊지 못하는 마음자리 하나
별로 빛나는 마음 하나
가슴 깊이깊이 묻는다
시린 아픔도 추억은 아름다움인 것을

생

가을 장마에 칸나 꽃 한송이 파르르 떨다
툭 떨러진다
꺾이는 꽃의 목
넓은 손 벌려 냉큼 받아 안는 이파리
조심스런 몸짓 좀 봐

바람에 몸을 내놓은 한낮이 흔들린다
원하지 않아도 내려야 하는 비
마구잡이로 흔들리다
도달한 한곳 흙탕물 한가운데
이파리 위에서 썩고 있는 꽃
흙탕물 속에 섞여 마침표를 찍고
기약없는 약속도 희미해진다

비를 맞아도 도시의 수목은 시들어 가고
웃자란 욕망의 가지가 꺾여
널브러져 썩고 있는 우리의 희망
새로운 생성의 밑거름이 된다

어우동

죄 없는 자여 돌을 던져라

시대를 초월했네
세월을 앞당겼네
규방의 여인
자유의 불빛은 황홀했네
양반의 지성을 파헤친
시퍼런 칼날이었네
높디높은 궁궐 담을 넘어
하늘을 부유했네

시모님의 길 1

풍경이 지워지네
어둠이 지워지네
덫에 걸려 허우적대며
미움의 올실 날실 짜는데
좁아진 어깨 움츠리며
웃고 있는 노모의 얼굴이
부처로 보이기 시작하네

시모님의 길 2

어둠은 그늘을 낳고
작아져야 살아남는 이치
낮추고 낮추리니
일어서기 위한 몸부림
하루를 절이는 생의 터널을
힘겹게 건너가다
시간을 놓아버린 새

삶

수직으로 내리꽂히는 빗줄기
구름이 막아서고
풀 길 없는 스트레스 자락 끌며
떼어놓은 발자국 아래 빗물에 젖은 나뭇잎
바스락 소리도 내지 못한다

새싹이 트는 봄날
청아한 아침 새 소리도 있었지
햇발 뜨거운 여름날
이열치열의 땀에 젖었고
풍요가 널린 가을 들판도 지나
근심 걱정으로 얼어붙은
겨울 벌판에 섰다

네잎 클로버의 행운을 쫓아
세잎 클로버의 행복을 모른 채 보내버린
7부쯤의 인생
그러나 봄비도 장마도 한순간
지금 이 자리에서 행복해라

세잎 클로버의 흔하디흔한 사랑을

3부

중학동 일기

비누

풀어질 일이다
아끼며 조금씩 사유를 풀어
물과 함께 어울릴 일이다

어울려 흐름은 힘이 있다
어울릴 때마다 부풀어 오르는 희망
도도한 향기까지
서서히 내어 줄 일이다

나를 흔들어 깨우는
어리석음도 안아감고
휘도는 영혼
축나는 몸피
아까워 할 일이 아니다

시간은 흐르고
늘 젖어있는 세상 속에서
거품으로 미어지는 속가슴
풀어놓기로 한다
새하얀 얼굴로 다시 태어날 일이다

중학동 일기 28

— 어머니 누우신 자리

멀어질수록 더 가까이 다가와
마중하는 어머니
한 떨기 할미꽃으로 피어
기다림의 귀 살포시 연다

공주시 이인면 초봉이
양지바른 고향집 터 봄 눈 속에
주민등록 주소를 옮기신 당신께
때 늦은 후회의 술 한 잔 올린다

시장에서, 버스 속에서
건널목에서 신호 대기 중
순간순간 살아나는 애잔한 풀꽃
가슴을 찌른다

질긴 사랑 언저리만 맴돌며
미련의 끈을 잡고 올려다보니
서럽게 놓아버린 하늘엔

안개만 가득
먼 산을 지우고 있다

중학동 일기 29

— 시간은 흐르고

2003년 2월 27일 새벽 5시
어머니는 소리 없이 이사하셨다
안으로 싸안은 그 많은 고통을 어찌 떨치고
평온한 눈빛으로 맥을 놓으셨을까

자식들의 불효를 비는 천주경 속에 묻혀
훠이훠이 세상의 아픔을 털며
짐 보따리 하나 없이 주소를 옮기신 어머니

시간은 흐르고 여섯 번째 세월의 다리를 건너
물기어린 기억은 점점 말라가는데
꿈에서나 만나 뵈며 서운함을 달래다 꿈을 깨고
온종일 후회의 잔에 일렁이는
애잔한 사랑이 가슴을 적신다

중학동 일기 30

— 하루치의 행복

자명종 소리에 눈 떠
천정에 간 밤 꿈을 그려볼 수 있음이 행복하다
밝아 오는 창밖을 보며
오늘 할 일을 헤아릴 수 있음이 행복하다

나뭇가지 흔들고 지나는 바람에
팽그르르 떠는 단풍잎의 아름다운 소멸을
바라볼 수 있음이 행복하다

문득 문득 생각나
가슴이 저리도록 생각나
'엄마' 하고 불러보면
사랑해서 보이는
숨어 있어도 보이는
어머니 모습 있음이 행복하다

뜻 모를 설렘으로 현관문을 열고
들어설 수 있음이 행복하다

중학동 일기 31

— 장날

좌판에 혼자 누워있는
조글조글 세월의 잔해가 얽힌 늙은 오이
푸른 희망, 투명한 색깔도 퇴색된
누런 얼굴에 가로 세로 그어진 거미줄
미처 생각이나 했을까
검은 눈동자의 어머니 얼굴이
노각*이 될 줄을

* 노각 : 늙은 오이

지하철 속에서 1

아직도 꾸는 꿈이 있다면
이제 그만 벗어놓고 내려야지
타고 내림을 반복하는 우대증의 쓸쓸함이
후줄근한 빗물 되어 가슴을 적시고
허기진 노래만 어깨 위에 얹히는데
도리질 해보지만 시간은 거꾸로 흐르지 않고
쓴 웃음도 잃은 세월만
옆구리에 찬바람을 끼고 달린다

미련스럽게도 아직 하고 싶은 일 많은데
곁눈질로 바라보고 있어야만 되는
경노의 건강함이 살짝 부끄럽다
할 일 없는 현실의 할큄을 비키지 못한 채
비척이며 실려 가는 삶
외면하고 돌아서는 시간 앞에
조심스럽게 앉아있는 미래
옛 추억일랑 툭툭 털어버리라 한다

지하철 속에서 2

표정이 마모된 얼굴들 속에서 하루의 노동을 읽는다
지치고 시든 오늘은 이렇게 묻혀 가는데
피곤한 몸 뉘일 보금자리를 향해가는
지하철 안의 공기는 주저앉아 있다

스러질 꿈이라 해도 간밤의 기대는 컸고
찬물에 세수하고 상큼한 스킨을 바른 아침은 경쾌했다
우유 한 잔과 빵 한 조각에도 사랑이 담기고
기상을 알리는 알람 소리도 즐거웠다

부대끼며. 눈치 보며 버텨낸 하루
등 뒤에 꽂히는 날카로운 세상의 눈총은
우리의 폐에 들어차 멍을 들인다
그래도 살아내야지, 먼지와 함께
양 어깨에 짊어진 행복한 짐을 위해서

종잇장에 손가락이 베이고

넘기는 책장에 손가락이 베어졌다
슬쩍 스치기만 했는데 아팠다
별 표도 나지 않는 쓰리고 아픈 자리의
실금 같은 상처를 보며 가슴이 쿵하고 내려앉았다
60여년 살아오는 동안 다른 사람들에게
크고 작은 상처를 나도 모르게 주었으려니
종잇장이 지난 자리에 난 상처는
한동안 아프다 사라지겠지만
나도 모르게 남에게 주었을
숱한 상처 자국은 어찌 지울까
찌르르 상처가 아파온다

어지러운 세상

— 균형 감각

하늘이 어느 날 갑자기
나에게 어지러운 세상을 알려주었다
하늘이 빙빙
땅이 빙빙
아아, 그렇구나. 갑년을 훨씬 넘겨서야
내게 알려 준 이치
좌절과 실의가 가슴을 쳐도
어차피 돌고 도는 세상임을
균형 감각이 깨진 채로
파닥이는 어지럼증
이마를 탁탁 치며 같이 돌자고 한다

바늘

돋보기안경 너머로
눈 치뜨고 실이 걸리길 기다린다
간신히 구멍에 실이 걸린
하염없이 가엾은 너 바늘이여
미간 사이 주름잡으며
실눈 뜨고 찾는 나의 시어들
바늘귀에 실 꿰기보다 어렵구나

촛불

어둠 불 질러 세상을 밝히고
난장이가 되어 가는 너
육신의 아픔 감추고
눈부심 남김없이 무너뜨리는 용기에
부끄러움 여미다

어둠 어우르며
차갑고 감미로운 촛농으로 풀어지다
등판에 여린 심지 하나 세워
태우고 태우는 저 찬란함

태초의 모습 찾기 위해
길게 늘였던 눈물의 그림자
점점이 작아져
스스로 소멸하는 장엄한 죽음
부신 아름다움이다

낙엽

사랑이 지쳐 쓰러지려 한다
푸르게 퍼덕이던 나뭇잎
기댈 나무등걸은 휘어져 휘청이고
색깔은 빛바래고 목소리는 시들었다
그렇게 우리는 가는가

소리를 지르며 달려가는 시간 앞에서
위대한 사랑의 힘도 어쩔 수 없다
바람을 타고 이리저리 쏠리다
불꽃처럼 사그라지는 일 뿐

순환은 질서 정연한 것
저울 위에 올라앉은 행복과 불행은 평행선
늘 공평한 세상의 법칙은 아름답다
떨어짐이 새로운 싹의 밑거름이 되는 것처럼

바위

— 회갑을 맞은 김용재 시인의 길

시인의 길
상상과 적막이 울울한 숲길에
겨울 산책 나섰다가
행차한 아침 바람을 맞은
휴일의 새 한 마리
머물러 있는 시간의 비상을 꿈꾸는가

쏟아지는 폭포 아래
묵묵히 버티고 서서
거대한 그림자 드리운
저무는 날의 명령법을 배우며
병사와 달맞이꽃을 노래하는
말없음으로 소리치는 바위
넉넉한 품, 여유로운 웃음이 고여 있는 숲이네

바퀴에 깔려도 죽지 않는 햇살을 받아
청동 빛으로 물든 의지의 힘에 실려
끓어오르는 학문과 문학을 향한 열정이

붉디붉은 바위 꽃을 피웠네.
분수처럼 솟구치는 푸른 꿈
끊임없이 흐르는 피돌기 멈추지 않네

*교수님 시집 제목을 인용하여 쓴 것임

"산을 오르다가" 시집을 읽으며

— 시인 한 수

겨울밤은
내 잠 보따리를 감추고 내주지 않는다
〈산을 오르다가〉 잠시 쉬는
시인을 만난 밤은
기쁨으로 가득하다

산 길 만을 걸으며
손가락 사이로
발가락 사이로
욕심을 털어내는 시인
바람자락 휘저으며 내일로 간다

흙길을 걸으며
산새가 되어
뒤돌아 볼 줄 아는 그리움을
가슴에 개어 넣고
이 밤 그는 또 무엇을 비우고 있을까

홍도

해질녘 붉은 심장 바닷물에 씻고
소나무 떠안고 앉아있는 슬픈 여 바위
눈 시린 푸른 바다에 그림자로 떠 있다

해풍에 수척해진 섬세한 여인
남해의 소금강 홍도
귀 세워 오월 숲의 청정한 이야기 들으며
그대 속 깊숙한 곳에 자리한
단절된 사연 이어주는가

일몰이 출렁이는 해변의 이마 뒤로
풍란 한그루 숨고
뱃전에 부딪치는 물결의 수런거림에
흰 거품 물고 떠오르는 추억들
묵묵한 바위 휘돌아 사라진다

입 다물고 한일자로 누운 바다 한가운데
아직도 버리지 못한 미련만
파도 타고 출렁인다
하늘을 깊은 가슴으로 품고

인도 기행 1

— 시크릿성

성마다 비둘기는 날고 똥을 싸더라.
돌에 새긴 옛 자취 사이에 먼지는 쌓여도
변하지 않는 보석 색깔
왕비를 향한 사랑의 힘이 아니던가.
이슬람교, 힌두교, 기독교인의 왕비를 두고
종교로 백성의 마음을 달랜
상감의 고충도 컸으리.
시크라 성의 아카발 왕이여
거대한 성을 쌓고 다시 이주해
또 다른 성을 쌓은 당신의 힘이
변하지 않는 사랑의 돌로 찬연히 빛나다

인도 기행 2

— 아고라로 가는 길

셔틀버스가 서기 무섭게 달려드는 아이들 볼펜을 달라며 거시기를 내놓고 장난을 친다. 도로변의 유채꽃이 부끄러워 살짝 고개를 돌리고 스카프로 얼굴을 감싼 여인이 나뭇짐을 이고 고속도로를 가로질러 느리게 걸어간다. 터번 쓴 남자, 차와 오토바이, 자전거, 바람과 먼지, 소똥까지 뒤엉킨 도로에 어스름 해가 비스듬히 누워 까만 아이들 눈 속을 들여다본다. 검고 마른 아이들이 흔드는 손금 속에 줄줄이 박힌 가난이 우리의 옛날을 살짝 부르는 옆으로 현대, 기아 자동차가 보란 듯이 지난다. 버스 차창에 들이대는 장사치들의 외침을 뒤로하고 웅장하고 화려한 아멜성을 떠나다.

* 인도의 아이들은 우리나라의 볼펜을 갖고 싶어한다.

하늘에는 어떤 일들이 일어나고 있을까

먹구름 낀 하늘 안쪽에 지금 어떤 일들이 일어나고 있을까
꽃이 피고 태어나고 죽고 어둠과 밝음이 교차하는 이곳
처럼
하늘에도 꽃이 피고 지는 소멸과 생성의 반복이 있을까
모든 것들은 죽음을 위해 오늘을 꿈꾸고 있는데
진정 하늘에는 영원한 생존만 있을까
하늘을 날고 싶은 욕망은 어딘가를 향해 달리기만 하는데
하늘 저편에 무엇이, 누군가가 있어
아우성치며 싸우고 있는 것일까

시내버스를 놓치고

버스 정류장에서
평송 수련원 셔틀버스를 내렸다
513번 버스가 막 떠나고 있었다
약이 머리꼭대기까지 차올랐다
차라리 못 보았으면 좋았을걸
빨라지는 맥박이 가슴에 풀무질 했다

서산을 넘으려는 해
〈기다릴 줄 알아야 해〉
얼굴이 시뻘개져서 가르치고 있었다
70km를 향해 달리는 인생인 걸
시간의 밀물을 어찌 막으랴

나로부터 달아나고 싶은 서러운 바램이
놓친 차를 아직도 아쉬워하는데
버스 시간을 알리는 전광판에는
다음 버스 시간이 입력도 되지 않고 있다

4부

소금

소금

강바닥에 질펀하게 누워
파도치는 대로 부대끼며 흐르고 흐르다
스르르 몸을 말리는 물의 자존
부활을 꿈꾸며 타는 속내 다독인다

설움을 온몸으로 비벼 끄고
할퀸 세월 훠이 훠이
가식을 벗어버린 알몸의 독백
차가운 냉소가 번득인다

따가운 햇볕과 울울한 바람을 맞으며
얻어 쓴 시간 모두 쏟아놓고
소멸과 생성을 거듭한 한생
담담한 표정 뒤에 감춘 강한 의지
너의 진 맛을 이제야 깨닫나니
짠맛이여 사랑이었네

주소록을 정리하며

묵은 이름들 속에서
다시 부를 수 없는 이름들과 마주친다
두 줄을 긋는다

줄을 긋는 손끝이 저리다
논에서 피를 뽑아내듯
빼낼 이름들을 가려내면서
가슴에 덜컥 돌 하나 걸린다

한자리에 서 있지 못하고 서성이다 만
추억의 뭉치들이 떠나가 버리는 날
나의 꿈도 강물에 풀려 밀려나고
머물 곳이 아님을 알게 되었을 때

지난 시간들에 묻힌 나의 이름을 주워들고
누군가도 좍좍 줄을 긋겠지
잊어야할, 잊혀 가는 이름으로……
떨림과 연민으로 한동안 아파하며

시詩

갈수록
들어갈수록
미로 같은
동굴 같은
길게
고독을 헤쳐 풀어 놓은 것

꽃

누군가의 꽃인 적이 있었던가
시들면 떨어지는 꽃이라 해도
진정 꽃이 된 적이

변덕 많은 날씨에
따가운 햇발에 눈총을 받아도
아름답기를 바라지 꽃은

눈, 비에 젖어
울고 웃고 그렇게 시들어
떨어진 꽃의 향연

그 앙상한 나뭇가지에
덧없이 앉아있는 당신의 말 한마디
〈사랑 했노라〉

떨어져 밟혀 새로운 꽃을 피울
밑거름이 되고 싶다
아직 지우지 못한 사랑의 꽃

새벽

아직 걷어 들이지 않은 달빛
어둠의 껍질을 벗긴다

안개등 이슬처럼 반짝이고
삐걱이는 뼈마디 일어나
제 자리 찾아들기 시작이다

하루의 노동을 찾아
일력 시장을 향해 치닫는
눈빛이 애처롭다

한창 때의 다쳐버린 자존심
일으켜 세울 날 꿈꾸는가
지난밤의 불면이 이마를 때리고

간밤에 쌓인 눈이
새벽의 싱그러움에 휘감겨 반짝이는데
해는 이미 높이 솟아올랐다

수박

함부로 써버린 날들이
죄의 씨앗이 되어
점점이 박혀 있다
속내를 드러낸 내 눈치 없음이
빨갛게 달아오른 얼굴로
기다림의 대열에 끼어서고
절망의 씨앗으로 여문 사랑
혀 밑에 달콤한 아픔으로 고여
갈증을 해소하려는 사람들의 목구멍을 넘어
또 다른 갈증을 부른다
달콤함에 중독된 혀들은 감각을 잃은 채
내장 속에 들어가 제 세상인양 휘젓고 다닌다
진실을 잊은 지 오래인 어리석음
맥없이 빠져든 중독에 동화되어 간다

입추

하늘 높이 올라앉아 안을 엿보던 햇살
냉큼 뜰로 내려선다
옷깃을 풀어헤친 바람도 고개를 까딱이며
때 이른 코스모스의 목을 간질인다
코스모스 가녀린 허리 굽혀
보일 듯 말 듯 잔물결 치며 웃는다
여기 저기 문 닫는 소리 들린다
뻥 뚫린 가슴 여미는 여름이 섧다

간병 일기 1

— 새벽 불빛을 바라보며

불빛이 흐린 것은 밝기가 어두워서만은 아니다
가라앉은 밤기운이 불빛을 안고 있기 때문이다
밤기운이 너무 세어
바라보는 이들의 가슴에
무거운 돌 하나씩 안고 있기 때문이다

보이는 밝기만이 밝음이 아니고
보이는 어둠만이 어둠은 아니다
어둠 속에 숨어 있는 불빛을 찾아
옴짝달싹 못하는 빛을
속 깊이 사랑해야 보이는 길

서둘지 말 일이다
절망하지 말 일이다
아직은 어둠뿐인 길 위에
내 사랑의 불빛은
도도히 차고 일어서는 희망을 기다리기 때문이다

간병 일기 2

화가 잔뜩 난 하늘이 구름을 물고 있다
새벽빛은 안개에 갇혀
4월의 싱그러움도
능선을 오르는 길도 보여주지 않는다

인정 할 수 없는 현실에 절망하며
고통 받는 당신의 눈빛을
바라보는 일이 온 몸을 저리게 한다

미미한 내 사랑의 불빛이 가 닿을 날 멀고
엉겅퀴 같이 감기는 시간을 걷어내며
걷다보면 안개 걷힐 날 있으리

흐름을 따라 낮은 곳으로 높은 곳으로
오르고 내리다 보면
이어지는 능선도 보이기 시작하리니
환한 산의 이마가 보이려니

간병 일기 3

— 빌딩 숲을 바라보며

시청 옥상에서 둔산을 내려다본다
반듯한 길들 사이 차들이 지난다
한낮의 여유로움이 그림자로 누워 있다

단풍 들기 시작하는 나뭇잎 길을 덮는다
저 많은 빌딩 숲속에선
지금 어떤 일들이 일어나고 있을까

어둠이 내리고 하루를 마감한 오늘이
빌딩 숲을 빠져나오면 길들은 갑자기 복잡해지고
불빛은 덩달아 깨어나 반짝이겠지

바라보는 겉과 속은 다르다
빌딩 숲은 깊이 들어갈수록 시시해진다
들어갈수록, 미로 속에 빠질수록
진부한 일상의 축적일 뿐
너무 깊이 빠질 일이 아니다

간병 일기 4

— 눈물이 나는 날에

시름시름 앓고 있는 낮달의 파리한 얼굴
아예 숨어버리려 하고
엄동을 넘어 선 겨울은 고속도로를 달리는데
칙칙하고 깜깜해서 아무것도 볼 수 없는
익숙한 어둠의 한쪽 어깨에 기대어
마음 놓고 울어보고 싶다
소리 없이 찾아오고 소리 없이 지나가는
밝음과 어둠의 교차 사이에서
밝음 쪽에만 몸무게를 놓고
희망 쪽에만 어깨를 기울이어

간병 일기 5

— 길

길은 걸어야 만들어지는 것
없던 길도 걸어서 다져지면 만들어지고
있던 길도 걷지 않으면 없어진다

걸음걸음에 밟혀진 흙이 더 단단하듯
아픔을 딛고 일어서면 더 단단해지리
길 위에 뿌려진 눈물이나 웃음의 의미가
무에 그리 대수던가

그냥 걸어 갈 일이다.
무거운 짐 하나씩 벗으며
없어지려는 길 다시 틔울 일이다

간병 일기 6

— 지는 해를 바라보며

주저앉고 마는 의지
쑥처럼 일어서려 연습중이다
눈물 한 바가지에 밥을 말아먹으며
지는 해를 바라본다
창밖의 풍경과 나와는 이제 무관한 사이라며
허공을 좇던 애잔한 당신의 눈빛이
내 눈물 속에 첨벙 떨어진다
울지 마
씩씩하게 살아
앞을 예견한 말에 다시 목이 멘다

2010년 4월 29일
지천으로 핀 영산홍 꽃 속에서 추위에 떨며
퍼렇게 멍들어 가버린 당신
눈물뿐인 세상에 향기가 너무 짙다

간병 일기 7

— 하루

장마 비가 쏟아지는 창가에서
흐린 창밖을 본다
빗물에 씻긴 창유리는 더 뿌옇고
젖은 나무도 추워 보인다
창밖은 온통 빗물 세상
통증에 밀려 열은 오르고, 오르고
누군가 건드리면 터질 것 같은 어둠
화산처럼 포효한다
사는 일 참 만만찮아 하늘이 대신 울고
눈물에 젖은 나무는 후드득 터는데
울고 싶어도 울 수 없는 아픔이
울어도 젖지 못하는 마음이
하루를 우수의 숲으로 만든다

간병 일기 8
— 우울의 늪

잃는다는 것은 버리는 것과는 아주 다르다
의식하지 못한 것을 잃는 것은
의식하며 버리는 것과는 비교할 수가 없다
굽이굽이 서린 아쉬움은 후회로 남고
점점 말 수가 적어지는 이 우울의 늪
의식하지 못한 잃음이 얼마나 서러운 아픔인지
잃어보지 않고는 알 수가 없다

간병 일기 9

— 그의 빛

시간이 흐를수록 그 자리는 더욱 또렷해진다
희미해질 줄 알았는데 새록새록 빛나는 그 자리
살아온 갑년의 세월이 모래성인 듯
일순에 허물어지는 소리를 들으며
여전히 무의식 속에 지고 새는 날들
별은 낭떠러지 깊숙이 숨어버려 보이지 않지만
속 깊이 가라앉은 빛은 수면에 떠올라
내 가슴을 흥건히 적시나니
그 물빛에 나의 우울과 슬픔을 섞으려 하네
눈물과 물과 어울어지면 꽃을 피울 수 있으리니
은근한 사랑의 비밀한 꽃

간병 일기 10

— 별이 진 자리

반짝일 때는 몰랐다
별이 지고 나서야 알았다
그 자리가 얼마나 컸는지
그 빛이 얼마나 영롱했는지
차가운 빛이라 여겼던 어리석음이
오늘의 나를 더 후려친다

드러나는 뜨거움이 아니라 해서
타오르는 불빛이 아니라 해서
눈에 보이는 황홀함이 아니라 해서
속으로 타고 있는 빛을 몰라서
손 흔들 새 없이 멋모르고 보내고
돌아선 이제야 아아!
그 자리는 왕좌였고
그 빛은 영롱했고 깊었네
말없는 뜨거움을 알지 못하고
늘 그 자리에 있을 줄 알았던 별이여
그 깊은 사랑이여

사랑한다는 것은

최자영 시집

발 행 일 | 2012년 2월 24일
지 은 이 | 최자영
발 행 인 | 李憲錫
발 행 처 | 오늘의문학사
출판등록 | 제55호(1993년 6월 23일)

주　　소 | 대전광역시 동구 삼성1동 125-6 한밭오피스텔 401호
전화번호 | (042)624-2980
팩시밀리 | (042)628-2983
홈페이지 | http://www.lito77.co.kr(홈페이지)
전자우편 | hs2980@hanmail.net

공 급 처 | 한국출판협동조합
주문전화 | (070)7119-1741~2
팩시밀리 | (031)944-8234~6

ISBN 978-89-5669-476-4
값 8,000원